Diversión y juegos

Recreo

Resolución de problemas

Dona Herweck Rice

Asesora

Colene Van Brunt
Educadora de matemáticas
Escuelas Públicas del Condado de Hillsborough

Créditos de publicación

Rachelle Cracchiolo, M.S.Ed., *Editora comercial*
Conni Medina, M.A.Ed., *Redactora jefa*
Dona Herweck Rice, *Realizadora de la serie*
Emily R. Smith, M.A.Ed., *Realizadora de la serie*
Diana Kenney, M.A.Ed., NBCT, *Directora de contenido*
June Kikuchi, *Directora de contenido*
Caroline Gasca, M.S.Ed., *Editora superior*
Susan Daddis, M.A.Ed., *Editora*
Karen Malaska, M.Ed., *Editora*
Sam Morales, M.A., *Editor asociado*
Kevin Panter, *Diseñador gráfico superior*
Jill Malcolm, *Diseñadora gráfica básica*

Créditos de imágenes: págs.18–19 Mitchell Funk/Getty Images; todas las demás imágenes provienen de iStock y/o Shutterstock.

Teacher Created Materials
5301 Oceanus Drive
Huntington Beach, CA 92649-1030
www.tcmpub.com

ISBN 978-1-4258-2846-2

Printed in Malaysia
Thumbprints.23398

Contenido

¡Hurra! 4

Cosas geniales del recreo 8

Qué hacer 12

Algo para cada uno 18

Resolución de problemas 20

Glosario 22

Índice 23

Soluciones 24

¡Hurra!

¡**Hurra**, hurra!

¡Es hora de jugar!

¡Ya es hora de ir al **recreo**!

Muchos niños piensan que el recreo es el **mejor** momento del día escolar.

¿Qué piensas tú?

Cosas geniales del recreo

El recreo es un momento para estar con amigos.

Es un momento para salir y jugar.

¡HAGAMOS MATEMÁTICAS!

Hay 6 niños jugando a perseguirse. Hay 4 niños jugando a la rayuela. Hay 8 niños jugando con la pelota. ¿Cuántos niños juegan en total?

1. Dibuja o coloca objetos en los tableros de diez para resolver el problema.

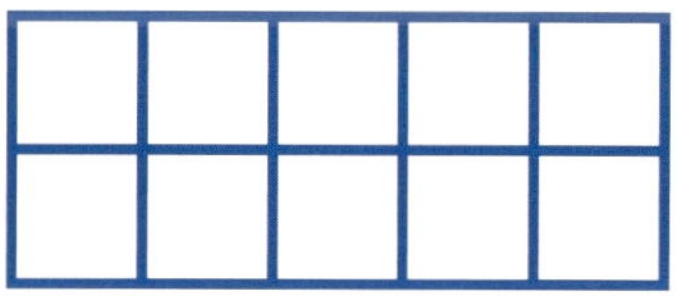

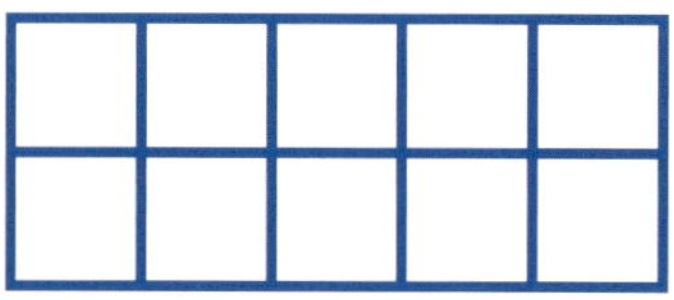

2. Escribe una ecuación para demostrar tu razonamiento.

Dentro de la escuela los estudiantes deben quedarse quietos.

Deben estar en **silencio**.

¡En el recreo, pueden moverse y gritar!

Pueden jugar en el parque de juegos o en el patio.

Qué hacer

Hay mucho para hacer afuera en el patio.

A algunos niños les gusta **columpiarse**. A otros niños les gusta **deslizarse**.

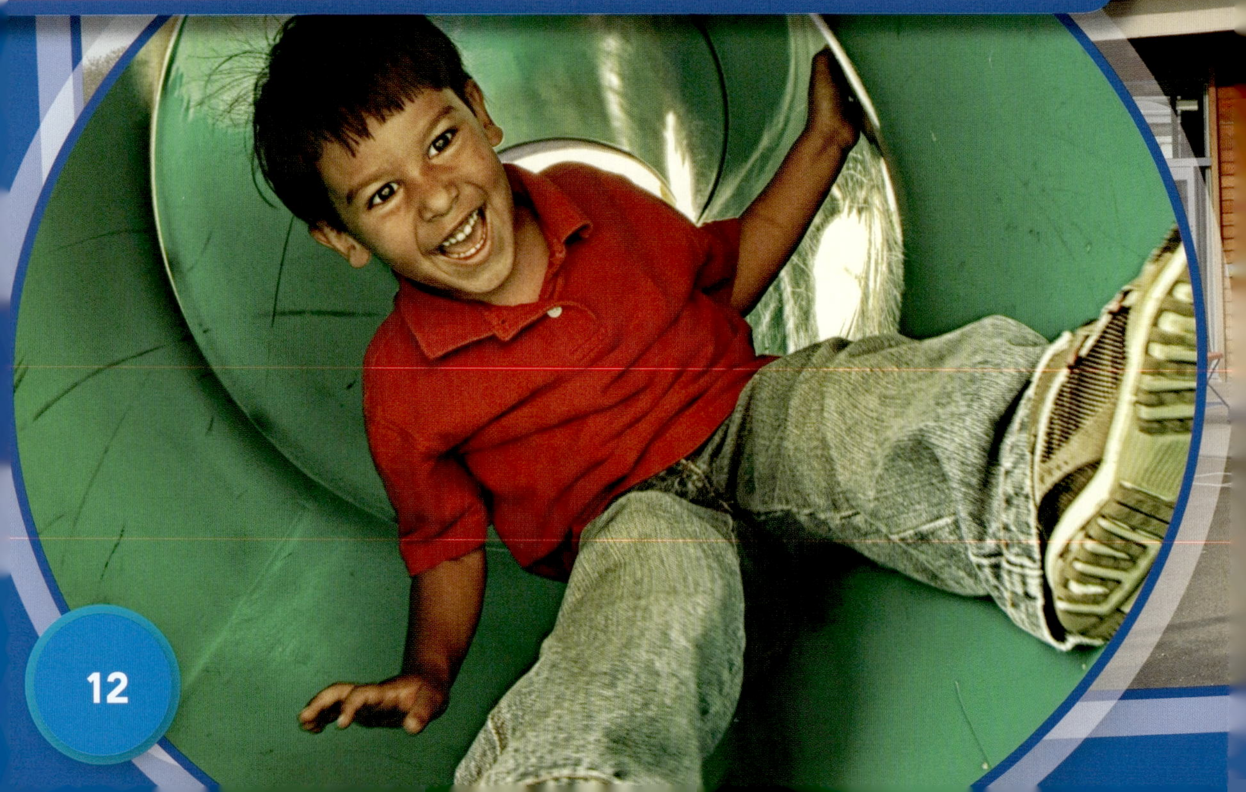

1 2 3 4 5 6 7 8 9 10

A algunos niños les gusta saltar a la cuerda en el patio.

A otros niños les gusta jugar a la pelota sobre el césped.

¡HAGAMOS MATEMÁTICAS!

La clase de la Srta. Ruiz tiene 4 cuerdas de saltar, 5 pelotas de kickbol y 3 pelotas de fútbol americano para jugar en el recreo.

1. ¿Cuántos juguetes tiene la clase en total? Resuelve el problema con una recta numérica. Escribe una ecuación para demostrar tu razonamiento.

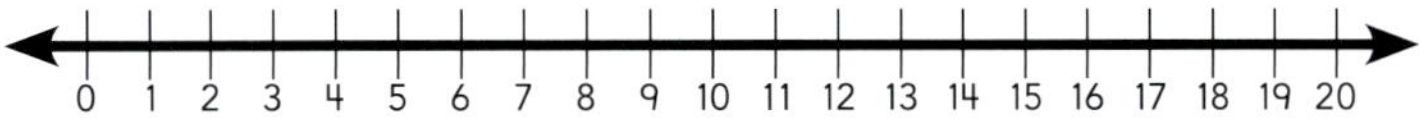

2. La Srta. Ruiz tiene 20 estudiantes. ¿Cuántos juguetes más necesita para que cada estudiante tenga uno? ¿Cómo lo sabes?

A algunos niños les gusta corretear en el patio.

A otros niños les gusta hablar con sus amigos.

Algo para cada uno

¡El recreo tiene juegos y diversión para cada uno!

¿Qué te gusta hacer?

¡HAGAMOS MATEMÁTICAS!

A Chris le gusta jugar diferentes juegos en el recreo. Juega kickbol durante 4 minutos. Juega fútbol americano durante 6 minutos. Salta a la cuerda durante 7 minutos.

¿Por cuánto tiempo juega Chris en el recreo? Resuelve el problema con una recta numérica vacía. Escribe una ecuación para demostrar tu razonamiento.

Resolución de problemas

Es hora del recreo. Todos quieren jugar. Dibuja la imagen que falta. Escribe la ecuación que falta.

Problema de planteo	Imágenes	Ecuación
1. Una clase tiene 1 pelota, 6 cuerdas y 8 aros. ¿Cuántos juguetes tiene la clase?		1 + 6 + 8 = ___
2. 8 estudiantes juegan a perseguirse, 2 saltan a la cuerda y 3 juegan a la pelota. ¿Cuántos estudiantes están jugando?	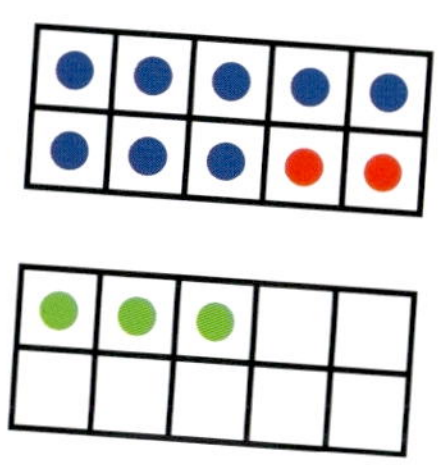	

Glosario

columpiarse: moverse hacia delante y hacia atrás en un asiento que se balancea

deslizarse: bajar por una rampa

hurra: un grito de alegría

mejor: favorito

recreo: el tiempo para descansar o jugar durante el día escolar

silencio: sin ruido

Índice

amigos, 8, 17

columpiarse, 12

deslizarse, 12

saltar, 14, 19, 21

Soluciones

¡Hagamos matemáticas!

página 9:

1. 18 niños

2. 6 + 4 + 8 = 18

página 15:

1. 12 juguetes

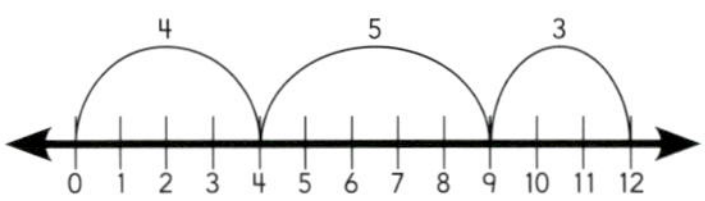

4 + 5 + 3 = 12

2. Se necesitan 8 juguetes más. Las respuestas variarán, pero pueden incluir el uso de una recta numérica.

página 19:

17 minutos; las rectas numéricas y las ecuaciones variarán. Ejemplo:

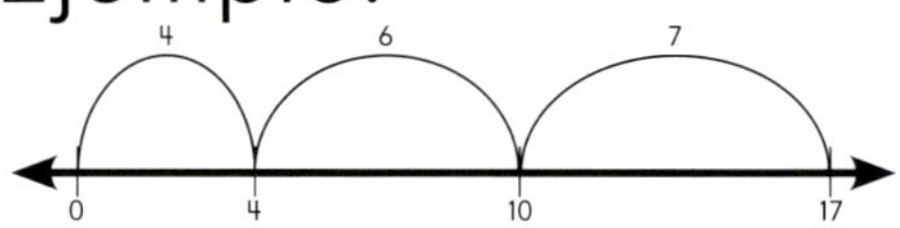

4 + 6 + 7 = 17

Resolución de problemas

1. 15; las imágenes variarán.

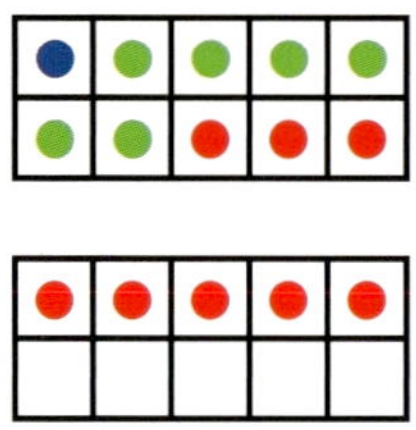

2. 8 + 2 + 3 = 13